NOTICE

SUR LE MANUSCRIT

DE LA

CHRONIQUE DES NORMANDS

ET SUR L'ÉDITION QUE M. CHAMPOLLION EN A FAITE POUR LA SOCIÉTÉ DE L'HISTOIRE DE FRANCE.

PARIS,

TECHENER, LIBRAIRE, PLACE DU LOUVRE, N° 12.

Novembre 1835.

NOTICE

SUR LE MANUSCRIT

DE LA

CHRONIQUE DES NORMANDS.

Il y a déjà sept ans qu'un employé de la Bibliothèque
royale, en réunissant les matériaux d'un long travail sur les
écrivains du moyen-âge, reconnut et signala, dans la collection des manuscrits, un monument historique de la plus haute
importance. C'était l'*Ystoire de li Normant*, par *Amat* ou
Aimé, moine du Mont-Cassin, traduite en français par
un écrivain fort ancien. Amat florissait dans la dernière
partie du 11ᵉ siècle; il avait conduit sa narration latine jusqu'en 1078, et la dédicace de son livre à l'abbé Didier ou
Desidere témoignait qu'il l'avait composé peu de tems après,
c'est-à-dire avant 1086, puisque cette année-là l'abbé du Mont-
Cassin Desidere avait échangé sa mitre et son nom contre la
tiare du souverain pontife et le nom de Victor III. Ainsi, l'ouvrage d'Amat semble devoir être la plus ancienne relation
de la conquête de Sicile par les chevaliers normands. Rédigée
par un contemporain, sous le patronage d'un homme admis
dans les conseils de Richard, prince de Capoue, et de Robert, duc de Pouille, elle a servi de guide à tous les an-
nalistes postérieurs des choses siciliennes, et Léon, évêque
d'Ostie, dans la Chronique qu'il adressa, peu de tems après la
mort d'Amat, à l'abbé du Mont-Cassin, successeur de Desidere, l'a même plusieurs fois textuellement reproduite.

Combien de raisons pour regretter l'original de la Chronique d'Amat! Mais, jusqu'à présent, on a vainement dépouillé, volume par volume, l'ancienne bibliothèque du Mont-Cassin; on a vainement consulté le catalogue de toutes les grandes collections connues, le manuscrit d'Amat ne s'est pas retrouvé, et les Muratori, les Baluze, les Mabillon et les André Duchesne ont été tour à tour obligés de renoncer à l'espoir d'en enrichir leurs immenses collections.

Cependant, en 1612, l'infatigable Duchesne avait reconnu parmi les manuscrits de Peyresc une ancienne chronique française inédite sur les Normands de la Sicile. Il la fit copier, et, suivant toutes les apparences, il se proposait de la publier dans le second volume des *historiae Normanorum scriptores antiqui*. Malheureusement la mort ne lui laissa terminer que le premier volume, et les matériaux du second, demeurés manuscrits, sont aujourd'hui conservés et fréquemment consultés à la Bibliothèque du Roi. Mais si depuis la mort de Duchesne quelques savans ont attentivement examiné la copie dont nous parlons, il se peut que, rejetant sur elle les incorrections grammaticales dont les phrases fourmillent, ils aient toujours été dissuadés de la publier, par l'espoir de mettre la main sur le manuscrit original dont André Duchesne s'était servi lui-même. Il s'agissait donc de le retrouver; et cela pouvait être difficile, attendu que Duchesne ne l'avait pas décrit, que le morceau qu'il en avait extrait, étant peut-être relégué à la fin du volume qui le renfermait, n'en était alors que la partie la moins apparente; enfin, que la bibliothèque du conseiller Olivier, son dernier possesseur, avait été dispersée vers le milieu du 18e siècle.

Or, il y avait au catalogue des manuscrits du Roi, sous le numéro 7135, la mention suivante : *Chronique depuis la création du monde, particulièrement du royaume de Sicile et de Naples*. Le manuscrit provenait du cardinal Mazarin; mais il avait été acheté de feu Olivier, lequel le tenait de feu le président Peyresc. Il remontait au 14e siècle, et il com-

prenait une collection de monumens historiques, traduits
du latin en langue vulgaire, par les ordres d'un certain
comte de Militrée. La première de ces traductions était la
Chronique universelle d'Isidore de Seville; la seconde, le
Sommaire d'Eutrope ; la troisième, l'*Histoire des Lombards* de Paul Diacre; et la quatrième enfin était l'*Ystoire
de li* (Normant) (1), *laquelle compila un moine de Mont-
de-Cassin, et le manda à lo abbé Desidere.* C'était le manuscrit dont s'était servi Duchesne, et ce dernier ouvrage
était la traduction de l'ouvrage d'Amat, dont tant d'illustres
antiquaires avaient déploré la perte.

Je demande pardon à mes lecteurs d'être entré dans tous
ces détails minutieux. Mais le bon travail de M. Champol-
lion-Figeac sur les ouvrages d'Eutrope et de Paul Diacre,
travail que la description du manuscrit dont nous nous oc-
cupons lui a permis d'insérer dans ses prolégomènes, nous
obligeait à notre tour à nous arrêter sur l'histoire de ce
précieux manuscrit. Et puis, quand il arrive aux bibliothé-
caires du Vatican, de Berlin ou de Vienne, d'exhumer quelque fragment de la littérature antique, ne fût ce qu'une
page de Cicéron ou deux vers de Ménandre, toute l'Europe
savante applaudit avec transport, et toute l'Europe a raison.
C'est aussi quelque chose de retrouver des monumens du
genre de celui qui va nous occuper, et peut-être serait-il bon
d'en savoir gré à qui de droit. Dans tous les cas, la *Société
de l'Histoire de France*, fondée sous les plus heureux auspices, répond convenablement à ce qu'on attend d'elle, en
ouvrant la série de ses publications par cette vieille traduction française de la Chronique d'Amat; Amat, dont on a
perdu le texte original, Amat, le témoin des exploits in-

_____

(1) Le copiste du manuscrit avait mis en cet endroit *Lon-
gobart* au lieu de *Normant*, et cette faute dut long-tems empêcher de reconnaître l'ouvrage d'Amat.

croyables qu'il raconte, le contemporain de Guillaume Bras-
de-Fer, de Robert Guiscard et des dix autres glorieux enfans de Tancrède de Hauteville. Quelque imparfaite que soit
cette traduction, son antiquité, sa portée historique, le dia-
lecte français dans lequel elle est rédigée, tout lui donnait
des droits au choix de l'honorable Société; et M. Champol-
lion-Figeac, en devenant son éditeur, s'est acquis à la reconnaissance de tous les amis des études historiques des
titres que personne ne songera sans doute à lui contester.

Les exploits des Normands, avant le 13ᵉ siècle, ont eu vrai-
ment le caractère des aventures les plus romanesques. C'est
au point qu'au lieu d'aller chercher en Orient ou dans les
îles du Nord la source des fictions épiques du moyen-âge,
on pourrait se contenter de remonter, pour la découvrir, à
l'histoire des guerriers scandinaves venant poser leurs tentes
au milieu des Francs et demander à cette nation, la plus in-
trépide de toutes, un droit de bourgeoisie qu'elle n'ose lui
refuser; puis débarquant en Angleterre; en faisant la conquête, y transportant leurs coutumes, leurs lois et la langue
française, déjà devenue la leur. Ce n'était pas assez pour
eux : afin de distraire leur inquiétude et d'étancher la soif
de combats qui les dévore, chaque année voit des familles
normandes parcourir l'Europe, venir en aide aux plus fai-
bles et, partout, faire trembler ceux qui les aperçoivent dans
les rangs de leurs adversaires. L'Espagne, l'Egypte et la
Grèce retentissent du bruit de leur bravoure et de leurs actions prodigieuses. Robert Crépin donne la chasse aux
Maures dans la Catalogne; Ursel de Bailleul rend l'Ar-
ménie aux empereurs de Constantinople; enfin les enfans de
Tancrède de Hauteville se montrent en Italie, et bientôt
après la Sicile, les deux Calabres et tout le royaume de Naples
deviennent la propriété incontestée d'une famille normande.

Comment le spectacle de tant d'exploits n'aurait-il pas
donné naissance à ces héros de la chevalerie errante,

côurant par monts et par vaux ; recevant en tous lieux
le plus respectueux accueil ; épousant des infantes , ren-
versant des princes, des rois, des empereurs ; récompen-
sant le plus magnifiquement du monde les services de leurs
écuyers et de leurs compagnons d'armes? Boémont seul , le
fils de Robert Guiscard, fit long-tems pâlir sur son trône
l'empereur de Constantinople. Guiscard, avec sept chevaliers, mit un jour en fuite une armée complète. Une autre
fois les hommes d'armes de l'empereur d'Allemagne et du
pape réunis n'avaient pu soutenir le choc de sept cents
chevaliers normands; cependant le pape était un homme
de Dieu (c'était saint Léon, neuvième du nom) ; et pourtant
personne ne doutait alors de la suprême influence du vicaire
de Jésus-Christ sur les affaires temporelles. Mais on croyait
plus assurément encore que rien au monde ne pouvait obli-
ger les chevaliers normands à tourner le dos dans une ba-
taille, et cet article de foi faisait oublier tous les autres.

Amat, qui mourut en 1093, n'a pu raconter les exploits
des enfans de Robert Guiscard ; il arrête son récit à l'année
1078, époque de la mort de l'un de ses deux héros favoris,
Richard, prince de Capoue (1). Quant aux émigrations les
plus anciennes, il en trace rapidement l'histoire. Les premiers Normands que l'on eût vus peut-être sur la terre d'I-
talie revenaient d'un pèlerinage fait, suivant Amat, au
Saint-Sépulcre de Jérusalem, et suivant les historiens pos-

---

(1) Je ne puis m'empêcher de relever ici une méprise du
savant éditeur : dans ses *Prolégomènes*, page 33, il désigne
Richard comme l'un des enfans de Tancrède de Hauteville.
Richard n'était pas même parent de Robert Guiscard :
il était petit-fils de Gislebert , l'un des cinq chevaliers normands qui, bannis de leur pays en punition d'un assassinat ,
étaient arrivés en Italie dans les premières années du 11ᵉ siècle, et bien avant Guillaume *Bras-de-Fer*.

térieure, au mont Garg no, en Apulie. Ils trouvèrent la ville de Salerne assiégée par une flotte de Sarrasins et déjà réduite à la dernière extrémité. Gaimard, le prince de la contrée, demande conseil à ces étrangers ; ceux-ci répondent en offrant le secours de leurs bras. Le jour même ils font une sortie ; ils jettent l'épouvante au milieu des Musulmans ; ils les obligent à remettre à la voile, et la ville de Salerne est ainsi délivrée par quarante chevaliers normands.

Ne demandez pas si la reconnaissance des habitans de Salerne fut acquise à nos pèlerins. Ils retournèrent dans leur Normandie comblés de présens, et firent de l'Italie les peintures les plus enivrantes. Ce fut à la même époque que Gislebert et ses quatre frères se dirigèrent vers la Pouille. On leur donna des châteaux à garder et des villes à conquérir sur les Grecs et sur les Sarrasins. Puis, en Normandie, le vieux Tancrède de Hauteville, ayant douze enfans vigoureux, affamés et amateurs d'aventures, envoya les trois aînés, Guillaume, Droon et Humphroi, sur la route qu'avait suivie Gislebert. A peine arrivés en Sicile, le prince de Salerne confia son gonfanon, c'est-à-dire le commandement de ses armées, à Guillaume. « Et à dire la vérité, » remarque notre chronique, plus valut la hardiesce et la » proyesce de ce petit de Normands, que la multitude de li » Grec et la superbe de li Sarrasin. »

C'est ce Guillaume, surnommé *Brachium Ferri*, dont nos vieux rapsodes ont, à mon avis, chan é les aventures et constaté la renommée, sous le nom de *Guillaume Fière-Brace*. Le héros d'épopée et le héros d'histoire sont tous les deux chefs d'une famille nombreuse ; tous les deux fils d'un baron plus noble que riche ; tous les deux reçoivent de leur père l'ordre d'aller chercher fortune ailleurs ; tous les deux vont en Italie, défendent le pape, suppléent à la lâcheté des Lombards et mettent les Sarrasins en fuite. Mais là s'arrête le parallèle. L'histoire parle d'une manière fort concise de

Guillaume Bras-de-Fer ; la poésie ne tarit pas sur les exploits de Guillaume Fière-Brace, dans lequel elle semble avoir réuni ceux d'un grand nombre de guerriers du même nom.

Amat, seulement au troisième livre, commence à nous parler de *Robert Viscard*. Ce héros vint en Italie après la mort de Guillaume Bras-de-Fer, qui sans doute l'aurait mieux accueilli que ne firent d'abord ses puînés. Robert était le sixième fils de Tancrède. Il semble qu'une fatalité s'attache aux anciens conquérans de l'Italie ; du moins Robert, comme Romulus, préluda-t-il à l'art du conquérant par le métier de voleur. Notre historien ici n'est pas suspect de calomnie : il écrit pendant la vie de Robert ; il s'est proposé d'exalter ses actions et d'en relever la grandeur. Or, il faut l'entendre raconter les premiers exploits de son héros ; comment, n'ayant pu toucher de compassion ses frères , « il » regarda et vit terres moult larges et les champs pleins de » moult de bestes, Lors s'appensa que feroit le povre , et » prendroit voie de larron, En ce métier, toutes choses lui » failloient encore, si ce n'est abondance de chair volée ; » mais force lui étoit de la manger sans sel , et *son boivre* » *étoit solement l'aigue de la pure fontaine.* »

Robert n'était-il pas bien à plaindre ? Heureusement il avait l'esprit fécond en ressources. En une cité voisine demeurait un homme riche avec lequel il fit amitié. Cet homme, nommé Pierre de Tyre, voulait que Robert le nommât son père ; il eut assez de confiance en lui pour venir un jour le trouver sans être accompagné. Robert profita de l'occasion : feignant de l'accoler, il le serra si fortement dans ses bras, qu'il le fit tomber à terre, puis il lui lia les pieds et les mains. Quand le bonhomme fut transporté dans la tour qui servait de refuge à son terrible ami, Robert se montra devant lui les yeux remplis de larmes. Je vais citer ici notre chronique : « Robert va agenouillé, et ploia le bras et requist » miséricorde, et confessa qu'il avait fait péchié. La povreté

» soc l'avail con-traint à co faire. Mais tu es père, et con-
» vient que tu aides à lo fils povre. Ceste commanda la lui,
» que lo pere qui est riche en toutes choses aide à la povreté
» de son fils. Et Pierro promit, et vint nille sol de or paia,
» et ensi fu délivré de la prison. » Depuis ce tems, Pierre et
tous ses troupeaux purent errer en sécurité dans la campagne.

Voilà l'un de ces épisodes, en assez grand nombre dans la
chronique d'Amat, qu'on ne retrouve plus sous leur phy-
sionomie naturelle dans les écrivains postérieurs. Léon,
évêque d'Ostie, l'a raconté d'après notre auteur; quelle dif-
férence, grand Dieu! Ecoutons : *Cum Robertus pauper ad-
modum esset, vicinæ urbis dominum, divitem valde virum,
vocatum ad colloquium, cepit; à quo utique viginti millia
aureos pro ejus absolutione recepit.* » Est-ce bien là notre
histoire ? Hélas oui ! mais l'amitié précédente de Robert et
de Pierre; le nom de *père* sollicité par ce dernier ; la fraude
normande dont il devient victime; enfin, les larmes de Robert et la transaction qui termine à l'amiable le différend,
tout cela est regardé par Léon comme *le laid* de l'aventure ;
à notre avis, c'en était *le beau*.

Plus on avance, et plus le récit prend d'intérêt et se dé-
pouille d'obscurité. Le huitième livre, le plus remarquable de
tous, est en grande partie consacré aux détails des cruautés
de Gisolphe, tyran de Salerne, dont Robert Guiscard finit
par débarrasser l'Italie. Les couleurs de notre historien, ou
du moins de son traducteur, deviennent ici plus vives et plus
saisissantes; et le siége de Salerne peut réellement soutenir
le parallèle avec celui de Jérusalem, dans l'historien Josèphe.
Malheureusement un aussi grand éloge doit se borner à quelques chapitres du VIIIᵉ livre. Soit que le travail d'Amat
ait été (comme le lui reproche quelque part le traducteur)
diffus et embrouillé, soit, comme je serais plus tenté de le
croire, que ce traducteur ait été lui-même brouillon, diffus
et inattentif, il est certain que la chronique française que

nous avons sous les yeux et que nous sommes d'ailleurs fort
heureux d'étudier, laisse beaucoup à désirer sous le rapport
du style. Cependant, afin de ne pas enlever au traducteur
toutes les louanges que lui donne M. Champollion, je veux
bien croire que les mots omis, les membres de phrases répé-
tés, les noms propres ridiculement travestis au point qu'il
n'en est pas un seul qui ne soit écrit de plusieurs manières,
tout cela ne puisse être le fait d'un scribe postérieur, dé-
sireux de confectionner une belle copie, et non pas
d'exécuter un manuscrit recommandable; mais ce n'est pas
le scribe qui aura confondu sans cesse toutes les règles de l'é-
locution française adoptées et suivies au 14e siècle. Compa-
rez à la chronique des Normands *le Trésor* de Brunetto
latini, qui lui est antérieur de cinquante ans, ou bien nos
histoires de Joinville et de Villehardoin, vous ne pourrez
croire que ce soit la même langue. Pour moi, j'avoue que
je ne connais aucun monument de l'ancien français dont la
lecture soit hérissée d'autant de difficultés. Je sais que, dans
le fond de l'Italie, les Français avaient pu d'un côté ne pas
profiter des progrès de la langue maternelle, pendant deux
cents ans, et de l'autre, admettre une foule de mauvaises lo-
cutions et d'*italianismes*, comme le dit fort bien M. Champollion; mais ils n'avaient pas adopté des obscurités de
constructions que n'éclairciraient pas l'étude de l'italien, du
grec, du latin, de l'allemand et du français.

Ce n'est pas non plus la faute de la langue romane si le traducteur transforme le célèbre *Dat*, beau-frère de Mello,
cruellement mis à mort par Pandulphe prince de Capoue, en
une femme épouse de Mello, laquelle se clamoit Dalta; s'il
ajoute que Pandulphe était beau-frère de Mello (page 21);
s'il fait d'Exauguste, fils du Grec Bugien, un certain général
revêtu de la dignité d'*Exauguste*, c'est-à-dire, suivant lui,
vicaire de Auguste (page 50), et s'il prend la fameuse nation
des *Varegues*, pour un homme appelé *Guarain*. Pour avoir

la triste conviction de son ignorance singulière, il suffit de
comparer le texte latin de la lettre de Paul Diacre à la
comtesse Adelperga, avec la traduction qu'il en a faite
et que M. Champollion reproduit dans ses prolégomènes.
Croira-t-on que de cette comtesse Adelperga il ait pu
faire *mi sire Adelpergo*? et qu'il ait traduit cette première
phrase adressée à la comtesse : *Cum ad incitationem excel-
lentissimi comparis, qui nostrae aetatis solus principum
sapientiae palmam tenet*... (c'est-à-dire, il me semble :
« Comme à l'exemple de votre excellent époux, qui, presque
seul entre les princes, tient la palme de la science. ») par
celle-ci : *Coment soit chose qui à la unité et à l'ornor del
tres excellent compere Adelpergo, lequel estez en vostre
aage tenul autresi comme palme de sapience.* Certainement
notre brave traducteur ne savait ici rien de ce qu'il disait.
Je suis donc fâché que l'habile éditeur n'ait pas multiplié
davantage et les notes et les parenthèses explicatives : je
trouve son glossaire beaucoup trop court; et il en résulte
que l'*Istoire des Normands* ne pourra être bien lue, si
l'on ne veut pas y consacrer un tems énorme. Toutefois,
je m'empresse d'ajouter que M. Champollion, eût-il fait
pour la traduction d'Amat un travail comparable à celui de
Lotichius sur Pétrone ou de M. Eloi Johanneau sur Rabelais,
cette traduction n'en serait pas moins un témoignage fort
imparfait de l'état de la langue française en Italie, dans les
premières années du 14° siècle. Il ne faut donc pas s'attendre
à trouver dans cette vieille chronique une lecture facile et
agréable : mais tous ceux qui voudront comparer entre eux
les historiens du 11° siècle ; ou compléter les monumens
renferm's dans les collections de Muratori, d'André Duchesne et des Bénédictins éditeurs des *Historiens de France*, feront un très-grand profit de la traduction d'Amat.
L'obscurité de style et les contresens de traduction qui la
déparent n'empêchent pas de conserver la trace des cré-

nemens que les autres écrivains nous ont indiqués; de là
des rectifications et des complémens de la plus haute importance. D'ailleurs, la *Société de l'Histoire de France* ne se
propose pas seulement de plaire aux gens du monde; elle a
pour but principal de travailler pour les *travailleurs* et de
venir en aide à ceux qui veulent des matériaux de construc-
tion.

Aux huit livres de l'*Istoire de li Normant*, l'éditeur a
joint deux livres de la *Chronique de Robert Viscart*, que
renfermait le même manuscrit et que plusieurs motifs énu-
mérés dans les huitième et neuvième paragraphes des prolégomènes lui ont fait également regarder comme l'ouvrage
d'Amat. J'avoue que je ne partage pas sur ce point la conviction de M. Champollion : l'auteur du texte latin de cette
chronique, publié par Muratori sous le titre d'*Historia
Sicula*, ne me semble pas encore évidemment retrouvé ; mais
il est heureux que notre éditeur, même sur des raisons assez
légères, se soit cru parfaitement en droit d'en faire honneur au
moins Amat, cette persuasion ayant dû surtout l'encourager
à en ajouter la traduction ancienne à celle de l'*Istoire de li
Normant.* C'est un morceau fort intéressant pour les fastes
du Bas-Empire et de la Sicile ; seulement, le texte original
en étant déjà connu , il faut avouer que la publication des
huit livres d'Amat traduits est aujourd'hui pour nous d'un
tout autre avantage.

Ce n'est pas tout : à la suite de la *Chronique de Robert
Viscart*, l'éditeur a placé un précieux appendice renfer-
mant : 1° un *Glossaire des mots inusités*, beaucoup trop
court, par malheur, comme je l'ai déjà dit; 2° un extrait
inédit d'un manuscrit latin de la Bibliothèque royale, relatif
à Robert Guiscart; 3° et 4° deux chartes inédites , l'une
donnant le nom d'un grand nombre de chevaliers normands
du 11° siècle, l'autre établissant l'existence et l'ordre de
filiation de Julitta, sœur du roi Roger I°°. Ces deux mo-

numens sont accompagnés des notes curieuses de l'éditeur ;
5° enfin, le travail inédit de Du Cange sur les familles normandes. M. Champollion n'a pas publié le manuscrit dans
son intégrité ; il a dû se borner, comme il nous en avertit,
à l'histoire des générations mentionnées dans les textes historiques qui faisaient le grand objet de son édition. Main-
tenant, avant de finir, je reviendrai sur les prolégomènes
de l'éditeur ; c'est la partie la plus remarquable, sans con-
tredit, de son travail.

Ils sont divisés en douze paragraphes. Dans le premier,
M. Champollion décrit avec une élégante exactitude le manuscrit et les différens morceaux de traduction romane
qu'il renferme. Dans la première page est « le proheme de
la translation, lequel a fait faire le seignor conte de Militrée. » Contre les habitudes du traducteur, ce nom de comte
de Militrée, deux fois répété, est deux fois écrit de la même
manière. Quel était néanmoins cette ville de Militrée? L'é-
diteur y reconnaît *Mileto*, cité de la Calabre ultérieure.
Les raisons données à l'appui de ce sentiment paraissent
sans doute plausibles; cependant, comment se fait-il que
le traducteur, ayant eu souvent à parler dans la suite de
son travail de la ville de *Mileto*, ne l'ait jamais nommée que
Melito? Un serviteur du comte de Melitrée ne devait-il pas
être bien assuré du véritable nom de cette ville ? Je recon-
naîtrais donc plutôt Malte (l'ancienne Melita) dans le nom
de *Melitrée*; Malte, que Roger Iᵉʳ conquit en 1090 sur les
Sarrasins, et qui demeura annexée au royaume de Sicile,
jusqu'au moment où les chevaliers de Saint-Jean de Jérusalem
en prirent possession.

Mais pour revenir au premier paragraphe, il est mainte-
nant acquis à l'histoire littéraire du moyen-âge (grâce aux
recherches et aux investigations judicieuses de M. Champollion), que Paul Diacre, auquel on n'attribuait qu'une seule
rédaction de l'histoire romaine, en composa réellement

deux, à deux époques différentes. La première réda tion est
la plus concise ; mais la duchesse de Bénévent Adelperga
qui la lui avait demandée , l'ayant trouvée trop obscure et
d'ailleurs trop peu fournie des beaux exemples que l'on pouvait emprunter aux livres saints, engagea Paul Diacre à re-
commencer son travail, ce qu'il fit dans la forme et avec
tous les développemens que désirait y retrouver la noble dame
de Bénévent. Cette découverte de M. Champollion est très-
importante ; elle devra désormais guider tous les futurs éditeurs d'Eutrope et de Paul Diacre ; car ce dernier a telle-
ment fondu son ouvrage dans celui d'Eutrope , qu'on s'est
habitué à les reproduire presque toujours ensemble. Les ob-
servations de M. Champollion serviront encore à distinguer
plus nettement qu'on ne l'a fait jusqu'aujourd'hui ce qui appartient en propre à chacun de ces deux écrivains.

Dans les deux paragraphes suivans , notre éditeur établit
la date précise de la composition de l'ouvrage d'Amat, et
démontre que les antiquaires se sont trompés jusqu'à présent
en croyant reconnaître l'auteur du monument dont ils regret-
taient la perte entière dans Amat , successivement moine ,
évêque d'Oleron et archevêque de Bordeaux vers la fin du
onzième siècle. La réfutation de M. Champollion est un véritable modèle de polémique , que nous recommandons à l'é-
tude de tous ceux qui se dévouent à l'épineuse carrière
de la critique. Il appartient , de nos jours , à fort peu de
savans de relever les erreurs de leurs devanciers sans man-
quer au respect que doit inspirer une grande et juste illus-
ration littéraire. « Si nous rectifions, » dit M. Champollion,
» les conjectures des bénédictins , ce n'est point avec le so-
» cours de notre humble érudition ; sincèrement respec-
» tueuse devant de tels noms ; mais par l'usage de quelques
» documens ignorés de leur tems , que le hasard a heureuse-
» ment révélés au nôtre ; et la raison commande , pour un
» tel bonheur , un bien modeste orgueil. »

Ces documens sont la traduction même de l'ouvrage d'A-
mat. On y trouve en effet la preuve qu'Amat, son auteur, était
encore, en la terminant, moine du Mont-Cassin. Or, elle se
poursuit jusqu'en 1178, et c'est en 1073 que l'*Amat* des Be-
nedictins fut sacré évêque d'Oleron. De plus, cet évêque
était originaire du Béarn, et la vieille traduction nous ap-
prend que l'auteur original était *de la cité de Salerne*
(p. 228). Il vaut donc mieux restituer la gloire de ce précieux travail historique à l'évêque de Nusco, Amat, lequel
avait été moine au début de sa carrière religieuse, et était
mort en odeur de sainteté l'année 1093, comme nous l'ap-
prend Ughelli dans son *Italia sacra*.

Les paragraphes 4 et 5 résolvent toutes les questions que
pourraient faire naître la version française et le texte latin
restitué. Les suivans se rapportent au texte, à la traduction
et à la publication de la Chronique de Robert Viscart. J'en
ai dit quelques mots dans le corps de ce long article. Il ne
me reste plus qu'à remercier, au nom de tous les hommes
studieux, M. Champollion du travail remarquable dont il
vient d'enrichir la science, et la *Société de l'Histoire de
France* du choix qu'elle a fait de l'éditeur de cet ouvrage. On
annonce comme devant bientôt paraître, sous les auspices de
la même Société, une nouvelle édition de *Villehardoin*, faite
sur des manuscrits récemment découverts; une nouvelle édition de Froissart et de nouveaux mémoires historiques
inédits sur la Ligue et sur la Fronde. Nous avons grande
confiance dans l'activité de ceux qui doivent consacrer leur
tems à ces travaux; et dans le mérite des volumes annoncés.
Mais, au nom du ciel, qu'ils paraissent ! l'*Ystoire des Normands* a dû naturellement redoubler notre impatience.

PAULIN PARIS.

(Extrait du *Moniteur* du 25 novembre 1835.)

De l'imprimerie de Mme Ve ADASSE, rue des Poitevins, n° 6.

Dissertations philologiques et bibliographiques par M. Ch. Nodier, et autres, à joindre au Bulletin du Bibliophile.

25 CENTIMES CHACUNE POUR LES SOUSCRIPTEURS.

1°. Avec le N° 2. De la Liberté de la Presse avant Louis XIV.
2°. ——— 6. De la Reliûre en France au xix° siècle.
3°. ——— 7. De quelques Livres satiriques et de leur clef. 1re partie.
4°. ——— 8. Suite de cet ouvrage. 2e partie.
5°. ——— 9. De la Maçonnerie et des Bibliothèques spéciales. 1re partie.
6°. ——— Le 10° numéro est composé *du langage factice appelé macaronique.*
7°. ——— 11. De la Maçonnerie et des Bibliothèques spéciales. 2e partie.
8°. ——— 12. Des Matériaux dont Rabelais s'est servi pour la composition de son ouvrage.
9°. ——— 13. Des auteurs du xvi° siècle qu'il convient de réimprimer.
10°. ——— 14. Comment les patois furent détruits en France.
11°. ——— 15. Annales de l'imprimerie des Aldes.
12°. ——— 16. Artifices de certains Auteurs pour déguiser leurs noms.
13°. ——— 17. Échantillons curieux et statistiques.
14°. ——— 18. De quelques langues artificielles qui se sont introduites dans la langue vulgaire.
15°. ——— 19. Du Dictionnaire de l'Académie française. 3 parties.
16°. ——— 21. Bibliographie des fous, par Ch. Nodier. 2 parties.
17°. ——— 22. Les Papillottes du perruquier d'Agen, par le même.
18°. ——— 23. Notice sur l'origine des cartes à jouer, par le Bibliophile Jacob.
19°. ——— 24. Notice sur le manuscrit de la chronique des Normands, et sur l'édition qu'en a faite M. Champcllion pour la Société de l'histoire de France, par M. Paulin Paris.

1835.

BULLETIN DU BIBLIOPHILE

ou

NOTICE

DES LIVRES VIEUX ET NOUVEAUX, TANT
IMPRIMÉS QUE MANUSCRITS, LETTRES
AUTOGRAPHES, ETC., QUI SONT EN
VENTE EN LA LIBRAIRIE DE
TECHENER,

Nº 23.

PARIS,
PLACE DE LA COLONNADE DU LOUVRE,
Nº 12.

Original en couleur

NF Z 43-120-8